Michaela
Knospe

Lese-, Mal- und Rätselblätter zu

Käpten Schisshose auf großer Fahrt

Autorin

Michaela Knospe wurde 1960 in Trier geboren.
Sie arbeitet als Lehrerin, schreibt Kinderbücher und hat unter dem Pseudonym Beatrix Lohmann auch den Roman „Satansbraten“ und die Kurzgeschichtensammlung „... weg bist du“ veröffentlicht. Sie lebt mit ihrem Lebensgefährten und ihren beiden Hunden im Hunsrück.

Illustrator

Niclas Treinen wurde 1987 im Hochwald geboren und absolvierte nach der Schulzeit eine Ausbildung als Elektriker.
Zur Zeit studiert er Kommunikationsdesign an der Hochschule Trier.

Inhaltsverzeichnis

Vorwort

Liebe Kolleginnen und Kollegen,
ich möchte Sie im Vorwort nicht damit langweilen, indem ich Ihnen erzähle, wie wichtig Lesemotivation und Lesekompetenz für unsere Schüler sind.
Das wissen Sie längst.
Uns Lehrer treiben allerdings die Fragen um:
Wie und mit welchen Texten erreichen wir die Kinder?
Wie bringen wir auch unwillige Leser und Kinder mit Leseschwäche dazu, sich auf einen Text einzulassen?
Das ist eine Herausforderung, der wir uns im täglichen Unterricht stellen müssen und wollen.
Meiner Erfahrung nach kann ein gutes Hilfsmittel auf diesem Weg das Lesen einer Ganzschrift im Unterricht sein.
Den schwächeren Lesern wird dabei die Geschichte teilweise (durch die Mitschüler) vorgelesen. Sie dürfen sich also Teile der Geschichte einfach anhören und ohne eigenes Zutun das gelesene Wort genießen, was ja leider für viele Kinder nicht mehr alltäglich ist.
Haben die Schüler einen Zugang zur Geschichte gefunden, sind sie meist auch bereit, einen eigenen Anteil an der Lesearbeit zu übernehmen.
Wird diese Arbeit dann noch mit ansprechenden Aufgaben, Rätseln und spielerischen Übungen verknüpft, steigt die Lust der Kinder, sich intensiver mit dem Inhalt des Textes auseinanderzusetzen.
Daher habe ich bei diesen Blättern den Fokus nicht zu sehr auf die Steigerung der sozialen Kompetenz der Lerngruppe durch z. B. Mindmaps, Erstellung von Plakaten, Präsentationen und Ähnlichem gelegt, sondern auf die Steigerung der Leselust des einzelnen Schülers durch altersgemäße Fragen und Rätsel.
Ich hoffe, dass Sie, liebe Kolleginnen und Kollegen, mir nach Verwendung der Lern,- Spiel- und Rätselblätter durch Ihre Rückmeldungen die Gelegenheit geben werden, die Aufgaben eventuell verbessern oder verfeinern zu können.
Bitte schreiben Sie mir an die Verlagsadresse: www.miko-verlag.de
Ich wünsche Ihnen und Ihren Schülern viel (Lese-)Vergnügen mit Käpten Schisshose und seiner Mannschaft.
Stechen Sie mit ihnen in See!

Ahoi!
Ihre Michaela Knospe

Tipps für die Durchführung

Die vorliegenden Lese-, Lern- und Rätselblätter eignen sich je nach Leistungsstand der Lerngruppe bereits ab Anfang der zweiten Klasse und können bis zum Ende der dritten Klasse eingesetzt werden.

Der Einsatz der Blätter ist flexibel handhabbar und bietet vielfältige Differenzierungsmöglichkeiten.

Es ist zum einen denkbar, das passende Arbeitsblatt erst nach dem gemeinsamen Lesen eines Kapitels auszuteilen und sie in Einzel-, Partner- oder auch Gruppenarbeit bearbeiten zu lassen.

Es ist natürlich auch möglich, im Rahmen der Tages- oder Wochenplanarbeit mehrere Blätter anzubieten, sodass die Schüler ihr Lesebegleitheft je nach Leistungsstand selbstständig und individuell zusammenstellen können.

Auch die Vorbereitung einer Lerntheke ist mit den vorliegenden Blättern problemlos und ohne großen Zeitaufwand möglich.

Die einzelnen Blätter sind ebenfalls differenziert gestaltet.

Schwierigere Fragen oder Aufgaben, die eigene Meinungen oder Argumente erfordern, sind durch einen dunkel hinterlegten Kreis gekennzeichnet und bei einigen Blättern sind zusätzliche Wörter oder Aufgaben kursiv gedruckt.

Dies ermöglicht den Schülern, die Einschätzung der eigenen Stärken sowie der persönlichen Arbeitsbereitschaft.

Im zweiten Teil des Heftes (ab Seite 28) werden Aufgaben für den fachübergreifenden Unterricht angeboten. So können Sie, liebe Kolleginnen und Kollegen, entscheiden, ob sie die Ganzschrift mit der ganzen Lerngruppe projektorientiert bearbeiten möchten.

Die zusätzlichen Arbeitsangebote eignen sich natürlich auch für besonders eifrige und schnelle Schüler, die sich gerne noch intensiver mit dem Thema befassen möchten.

Dies gilt auch für das Würfelspiel auf Seite 38.

Nach dem Vergrößern auf DIN-A3-Papier können die Aktionskarten und der Spielplan angemalt und laminiert werden und stehen somit für den offenen Anfang oder als Spiel in den Pausen immer wieder zur Verfügung.

Ab S. 41 finden sich die Lösungen, die ebenfalls kopiert und evtl. laminiert, den Schülern für die Selbstkontrolle zur Verfügung gestellt werden können.

Auch die sonstigen Vorlagen – zum Beispiel die Piratenflagge, die Anziehpuppe etc. – können mit 144 % leicht auf DIN-A3-Größe vergrößert werden.

Lesezeichen

Suche dir ein Lesezeichen aus.
Male es an und schneide es sorgfältig aus.
Lass dir dein Lesezeichen von deinem Lehrer/deiner Lehrerin laminieren.
Stanze mit dem Locher ein Loch in eine schmale Seite.
Ziehe ein buntes Band hindurch.
Lege das Lesezeichen immer zwischen die Seiten im Buch, die du gerade liest.
Du kannst das Lesezeichen auch als Lesehilfe benutzen.
Lege es dafür immer unter die Zeile, die du gerade liest.

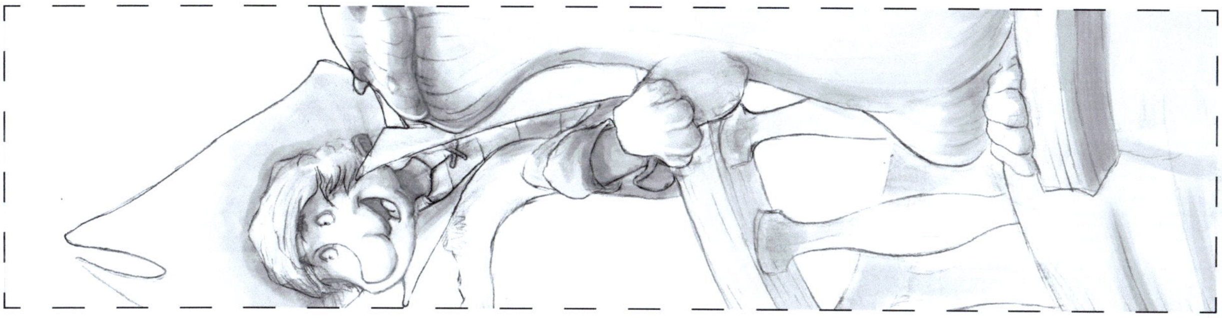

Mein Lesebegleitheft zu:

Käpten Schisshose auf großer Fahrt

Name: ____________________

____

Klasse: ____________________

1.
Kapitel

1. Wie heißt Käpten Schisshose wirklich?

2. Er ist ein sehr ängstlicher Mensch.
   Wovor hat er am meisten Angst?

3. Wie heißt sein Schiff?

4. Warum hat Käpten Schisshose noch nie den Befehl zum Auslaufen gegeben?

5. Hast du auch schon einmal Angst gehabt?
   Erzähle, schreibe oder male auf das Schmuckblatt!

2. Kapitel

1. Was tun die Piraten der Wellentiger den ganzen Tag lang? Kreuze an!

- ☐ Sie spielen Verstecken.
- ☐ Sie puzzeln große Puzzles.
- ☐ Sie polieren ihre Säbel.
- ☐ Sie spielen Karten oder Memory.

2. Was müssen alle Piraten jeden Samstag tun?

3. Wie viele Piraten gibt es auf der Wellentiger?

4. Wie heißt der älteste Pirat an Bord?

5. Die Piraten haben lustige Namen.
Erfinde selbst welche! (Zum Beispiel: Der faule Franz)

3.
Kapitel

1. Was passiert an diesem Sonntagnachmittag?
   Finde die richtige Reihenfolge und schreibe die Zahlen vor die Sätze!

   - ☐ Käpten Schisshose erfährt, dass seine Tante entführt wurde.
   - ☐ Käpten Schisshose wird grün im Gesicht.
   - 1 Jens Ruderblatt kommt von einem Landgang zurück.
   - ☐ Käpten Schisshose krabbelt in seine Kajüte.
   - ☐ Käpten Schisshose wird weiß wie eine Wand.
   - ☐ Käpten Schisshose setzt sich auf seinen Piratenpo.
   - ☐ Käpten Schisshose gibt den Befehl in See zu stechen.

2. Was kann Tante Gitta besonders gut?

3. Mit welchem Trick will Käpten Schisshose die Seekrankheit besiegen?

4. Was kannst du besonders gut?
   Schreibe oder male auf ein Zeichenblockblatt oder das Schmuckblatt!

4.
Kapitel

1. Lies dir dieseWörter gut durch!
   Welche kommen nicht im 4. Kapitel vor? Streiche sie durch!

Arm

Meer Sonne Mühe

Wolle

Anker Segel

Po Wackelpudding

Wind

Räuber Seil

Reisekaugummi

Elefant

Mannschaft Steuerrad Ruder

2. Kreise die Anfangsbuchstaben der durchgestrichenen Wörter ein. Wenn du diese Buchstaben richtig ordnest, kommt ein Lösungswort heraus. Es hat mit der Seefahrt zu tun.

   Lösungswort: ____________________

3. Male die Wellentiger, wie sie endlich lossegelt.

5.
Kapitel

1. **Kreuze an, ob die Sätze richtig ☺ oder falsch ☹ sind!**

	☺	☹
Auf dem offenen Meer sind die Wellen höher.	M	P
Die Reisekaugummis wirken nicht.	O	A
Käpten Schisshose geht in die Kombüse.	T	N
Friedel Feuerhaken schält gerade Äpfel.	N	R
Es gibt Kartoffeln, Gemüse und Fischstäbchen.	O	E
Käpten Schisshose hat Hunger.	S	N
Eine hohe Welle trifft Käpten Schisshose.	E	O
Käpten Schisshose fängt an zu weinen.	H	N

2. **Wenn du alles richtig angekreuzt hast, ergeben die Buchstaben ein Lösungswort.**
Es heißt: __ __ __ __ __ __ __ __

3. **Friedel Feuerhaken kocht leckeres Essen für die Piraten.**
Was ist dein Lieblingsgericht?
Schreibe es auf oder male es auf ein Extrablatt oder das Schmuckblatt!

4. **Wenn ihr alle eure Lieblingsrezepte sammelt, könnt ihr daraus ein eigenes Kochbuch herstellen.**
Euer Lehrer oder eure Lehrerin helfen euch sicher dabei.

6.
Kapitel

1. Welche Person ist es?
   Schreibe ihren Namen auf die Linie hinter dem Satz!

   a. ... hat ein Holzbein.

   b. ... kann gut mit dem Säbel umgehen.

   c. ... hat einen Kloß im Hals.

   d. ... gibt Käpten Schisshose Pfefferminzbonbons.

   e. ... hat ganz dicke Muskeln.

   f. ... hat auch ein Messer dabei.

   g. ... zieht seine karierte Hose zurecht.

   h. ... findet es scheußlich, sich zu prügeln.

   i. ... sagt: „Man muss fest an etwas glauben."

2. Käpten Schisshose glaubt, dass er Medizin braucht, um mutig zu sein. Welche Medizin würdest du ihm geben? Was ist in deiner Medizin drin? Wie oft muss er sie nehmen? Wie heißt deine Medizin? Schreibe oder male!

7.
Kapitel

1. Hier sind einige Satzteile durcheinander geraten. Kannst du sie richtig ordnen?
   Verbinde die passenden Teile durch Striche!

Käpten Schisshose könnte	fängt alle drei ein.
Die Piraten	in Richtung Inselmitte.
Ein großes Netz	lachen die Gefangenen aus.
Sie werfen die drei auf eine Trage	vor Wut platzen.
Die drei pirschen	und schleppen sie davon.

2. Schreibe in 10 Minuten möglichst viele dieser Sätze in dein Heft.

3. Käpten Schisshose ist sehr wütend.
   Ist es dir auch schon einmal so ergangen?
   Erzähle davon, schreibe es auf ein Extrablatt oder male ein Bild dazu!

4. Was könnte Käpten Schisshose gegen seine Wut machen?
   Schreibe zwei Tipps für ihn auf!

8.
Kapitel

1. Warum will Käpten Schisshose nie wieder Fische in einem Netz fangen?

2. Karl Krönig spricht in diesem Kapitel häufig von Ehre.
   Finde auf den Seiten 50-52 drei Wörter, in denen das Wort Ehre steckt.

3. Schau noch einmal auf Seite 46 nach und ergänze den Lückentext!

Plötzlich ___ ___ ___ (13) ___ das Netz aufgeschnitten. Starke Arme ___ (6) ___ (17+20) ___ ___ (21) nach Käpten Schisshose. Sein (18) ___ ___ ___ (3) wird ihm ___ (5) ___ ___ (11) ___ (2) (10) ___ (16) ___ (7) und seine (12) ___ ___ ___ (9) werden ___ (8) ___ ___ ___ (15) seinem Rücken ___ ___ (14) (19) (1) ___ ___ ___ (4) ___.

4. Aus den Buchstaben ergibt sich eine Befürchtung des armen Käpten Schisshose.
   Schreibe sie in der richtigen Reihenfolge auf die Linie!

1 2 3 4   5 6   7 8 9   10 11 12 13   14 15 16 17   18 19 20 21 ?

8.
Kapitel

5. Auf Seite 48 steht: Karl Krönig hat Tante Gitta kein Haar gekrümmt.
Was bedeutet dieser Satz? Erkläre!

6. Stell dir vor, du wärst ein Superpirat oder eine Superpiratin.
Wie würdest du dich nennen?
Wie würde dein Kostüm aussehen?
Was wären deine Superkräfte?
Male und schreibe dazu!

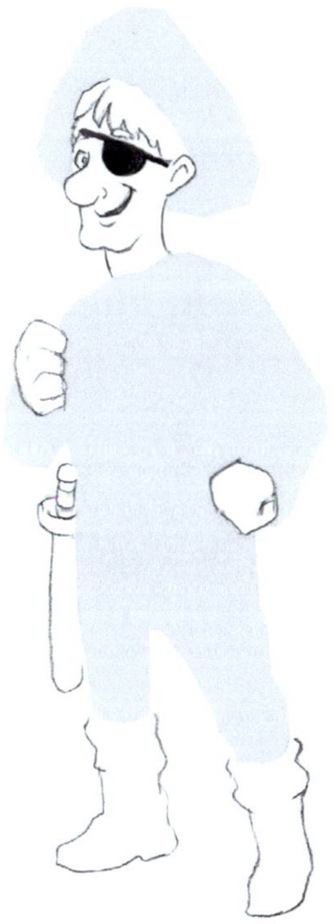

9.
Kapitel

1. Kannst du diese Purzelwörter entziffern?
   Sie stehen im Buch auf Seite 54.

h Sch t ö e l h a z

b S l e ä

e r t a V

L i s t

2. Karl Krönig ist verliebt.
Denke dir gemeinsam mit einem Partner eine abenteuerliche Geschichte aus, wie er die lustige Lilli kennengelernt hat.
Erzählt sie der Klasse, spielt sie vor oder malt sie auf.

3. Rollenspiel:
   Vielleicht habt ihr Lust, das Kapitel 9 vorzuspielen.
   Denkt aber daran, dass Käpten Schisshose zuerst sehr ängstlich und Karl Krönig sehr böse wirken muss. Anschließend ist es genau umgekehrt.

4. Der einäugige Eugen meint, dass Piraten niemals Schwäche zeigen dürfen. Was denkt ihr darüber? Sprecht im Erzählkreis über Schwächen und Stärken.

9.
Kapitel

5. Löse das Kreuzworträtsel!

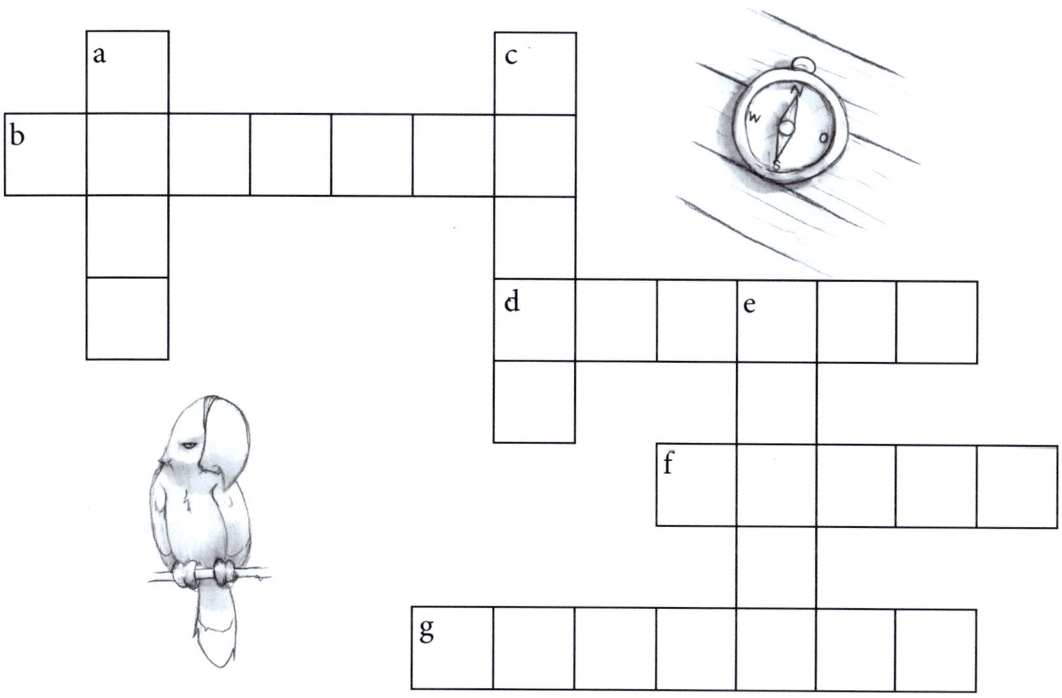

a. Es pumpt Blut durch den Körper. ___________

b. Die Hände sind mit ___________ zusammengebunden.

c. Käpten Schisshose ist nicht sehr mutig. Er hat oft ___________.

d. Käpten Schisshoses _______________ heißt Wellentiger.

e. Karl Krönig ruft entsetzt: _________________.

f. Er ist in die lustige _________________ verliebt.

g. Die Mannschaft der Wellentiger besteht aus neun __________.

10.
Kapitel

1. Hier sind einige Sätze nicht zu Ende geschrieben. Kannst du es? Wo stehen die Sätze im Buch? Schreibe die Seitenzahlen dazu!

   a. In der Piratenhöhle werden die Leute von Karl Krönig

   b. Fred und Fanny glauben nicht so wirklich,

   c. Man könnte ein Haar fallen hören,

   d. Käpten Schisshose hat einen Säbel in der Hand und

   e. Einer nach dem anderen lässt seine Waffen zu Boden fallen und ein Pirat geht zu Fanny und Fred und

   f. Bevor die Piraten die Höhle verlassen, heben sie zum letzten Mal die Hand

   g. „Ai, Käpten!“, erwidert Fanny und

11.
Kapitel

1. In diesem Suchspiel sind 10 Wörter versteckt, die etwas mit Gefühlen zu tun haben. Findest du sie? Schreibe sie auf die Linien!

V	X	C	P	R	O	M	A	N	T	I	S	C	H
F	O	T	V	M	Ü	R	V	Ö	Y	Z	Ü	O	Ä
R	W	G	E	U	R	I	Z	J	L	B	ß	U	T
E	D	B	R	K	Ä	M	G	L	L	X	P	K	R
U	Z	G	L	Ü	C	K	L	I	C	H	W	T	A
D	N	K	I	I	H	L	H	E	R	R	P	H	U
E	A	J	E	Q	E	Z	X	B	B	V	G	O	R
Z	K	T	B	M	N	Ä	II	E	R	Z	Ü	I	I
Q	N	E	T	T	R	L	K	O	K	Ü	L	M	G

1.

2.

3.

4.

5.

6.

7.

8.

9.

10.

11. Kapitel

2. Karl Krönig sagt, dass er Käpten Schisshose für mutig hält. Weißt du warum? Erkläre!

12. Kapitel

Hier müsst ihr nun genau lesen! Es haben sich nämlich einige Fehler eingeschlichen.

1. Suche die falschen Namenwörter (Nomen) in den Sätzen.
   Unterstreiche sie mit Lineal und einem Buntstift.
   Wenn du die Anfangsbuchstaben dieser Wörter zusammensetzt, erhältst du den Namen eines berühmten Piraten.
   Aber Vorsicht!
   Nicht in jedem Satz ist ein falsches Wort.

   a. Fanny schnappt sich die Kartoffel und wuchtet sie auf ihre Schultern.
   b. Dem pickligen Piet bleiben sogar die Äuglein offen stehen.
   c. Ihr Käpten, der größte Pupser der Welt, hat den gefährlichen Karl besiegt?
   d. Die Piraten sind beeindruckt.
   e. Tante Gitta will Tortellinis für die Piraten backen
   f. Da bricht Enttäuschung aus.
   g. Die Piraten freuen sich natürlich besonders über die Kiste mit Nudeln.
   h. Piraten lieben Schätze.
   i. Karl Krönig soll am Husaren-Riff ausgesetzt werden.
   j. Er bekommt Trinkwasser, Zwieback, ein Messer und drei Omas mit.
   k. Die Piraten stürzen sich auf die knusprigen Orangen und kauen mit vollen Backen.
   l. Am Karboren-Riff steigt Karl Krönig in eine kleine Kiste.

   Der Pirat heißt: __ __ __ __ __ __ __ __ __ __

13. Kapitel

1. Die Piraten sind wieder zurück, doch einiges ist jetzt anders.
   Nenne drei Unterschiede zu vorher.

2. Die Mannschaft wünscht sich etwas anderes, als vor Anker zu liegen.
   Was ist es?
   Schreibe die Wünsche der Mannschaft auf. (Schau auf Seite 82 nach!)

3. Warum versteckt sich Käpten Schisshose unter seiner Bettdecke?

4. Käpten Schisshose bekommt einen geheimnisvollen Brief.
   Von wem könnte er sein? Was steht wohl darin?
   Schreibe allein oder mit einem Partner einen Brief an Käpten Schisshose, damit er wieder in See sticht!

14. Kapitel

1. Diese Sätze aus dem letzten Kapitel sind leider durcheinander geraten.
   Schreibe sie richtig in dein Heft!
   Denke bitte daran: Den Anfang eines Satzes schreibt man groß.

   weg ist Schiff Das.
   vorgefallen sein Es ganz Wichtiges muss etwas.
   gesichtet Seeschlange eine Vielleicht worden ist.
   allerdings Wahrheit folgende ist Die:
   Brief Der von Karl Krönig tatsächlich ist.
   Wellentiger im sicher Griff alles hat der Mannschaft Die.
   Jens wieder stolz Jetzt seinen Käpten ist auf.
   neues Abenteuer auf wartet Ein Käpten Schisshose.

2. Wo wird die Wellentiger wohl hinsegeln?
   Male eine Piratenkarte mit dem neuen Ziel!

Fanny

Jens

Friedel

Dieter

Kuddel

Fred

Tom

Piet

Hein

Abschlussquiz

Hier sollt ihr nun euer Wissen zum Buch überprüfen. Könnt ihr alle richtigen Antworten finden?

1. Käpten Schisshose wollte eigentlich ...
- ☐ Friseur werden.
- ☐ Koch werden.
- ☐ Bäcker werden.

2. Piraten prügeln sich, wenn sie sich ...
- ☐ ärgern.
- ☐ langweilen.
- ☐ freuen.

3. Friedel Feuerhaken kann gut ...
- ☐ singen.
- ☐ puzzeln.
- ☐ kochen.

4. Der flotte Fred hat immer eine perfekte ...
- ☐ Figur.
- ☐ Kleidung.
- ☐ Frisur.

5. Karl Krönig ist auf der ...
- ☐ Kartoffelinsel
- ☐ Knocheninsel
- ☐ Karotteninsel

6. Karl Krönig will mit Käpten Schisshose ...
- ☐ spielen.
- ☐ kämpfen.
- ☐ wetten.

7. Er fängt Käpten Schisshose mit ...
- ☐ einer Schlinge.
- ☐ einem Netz.
- ☐ einem Seil.

8. Karl Krönig möchte die lustige Lilli ...
- ☐ suchen.
- ☐ überraschen.
- ☐ heiraten.

9. Die Mannschaft der Wellentiger bekommt von Karl Krönig ...
- ☐ ein neues Schiff.
- ☐ eine Kiste voller Schätze.
- ☐ Pizza und Cola.

10. Die Wellentiger bringt Karl ...
- ☐ zum Karboren-Riff.
- ☐ zur Knocheninsel.
- ☐ nach Torongo.

Deutsch

1. Schreibkonferenz:
   Nun habt ihr tatsächlich das ganze Buch gelesen.
   Super! Prima gemacht!
   Im nächsten Abenteuer von Käpten Schisshose wird sich alles um ein Seemonster drehen.
   Das konntet ihr auf der letzten Seite eures Buches schon sehen.
   Habt ihr eine Idee, was alles passieren könnte?
   Setzt euch zu zweit, zu dritt oder zu viert zusammen und sammelt Ideen für eine Geschichte.
   Ihr könnt die Geschichte auch als Comic zeichnen.
   Jeder in eurer Gruppe sollte einen Teil der Geschichte übernehmen und vortragen.
   Das Erzählen solltet ihr gemeinsam üben.
   Dann könnt ihr eure Geschichte dem Rest der Klasse vorstellen.

2. Alphabet
   Ordne die folgenden Wörter nach dem Alphabet und schreibe sie in der richtigen Reihenfolge in dein Heft.
   Tipp: Da alle Wörter gleich anfangen, musst du auf den zweiten, dritten oder sogar vierten Buchstaben achten.

Sommer	Sonne
sauber	sonst
Sieb	Seil
sagen	singen
Sand	sofort
sicher	*super*
Silber	*Sandale*
Sack	*Salz*
sondern	
Suppe	

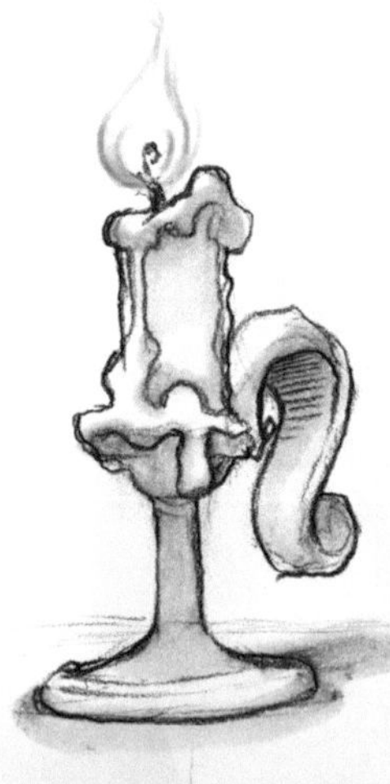

Deutsch

3. Silbentrennung
   Bei einem starken Unwetter hat es die Wellentiger ganz schön durcheinander geschüttelt.
   Dabei wurden auch einige Wörter auseinandergerissen.
   Kannst du die passenden Silben wieder zusammensetzen?
   Schreibe die Wörter mit ihrem Begleiter (Artikel) ins Heft.

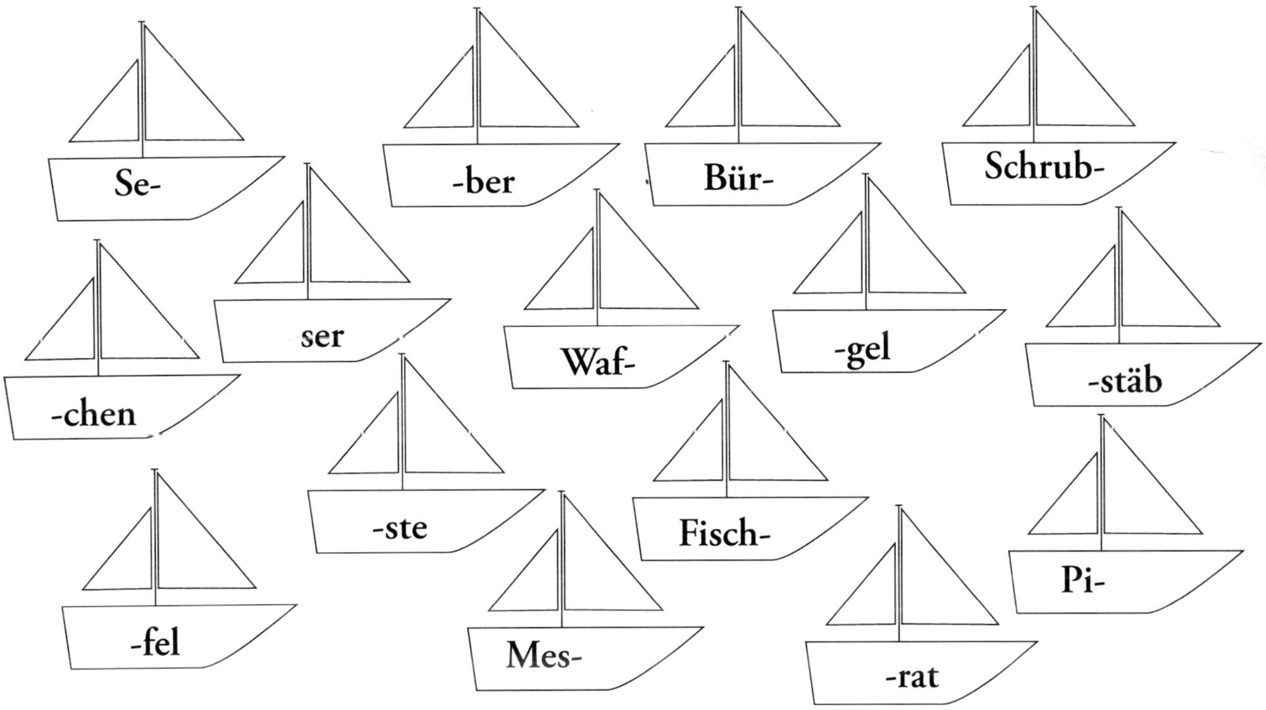

4. Tuwörter (Verben)
   Schreibe die folgenden Tuwörter in der Gegenwart und der Vergangenheit auf.
   Zeichne dafür eine Tabelle ins Heft.

	Tuwort	Gegenwart	Vergangenheit
Beispiel:	laufen	er läuft	er lief
	⋮	⋮	⋮

kämpfen, zittern, segeln, verstecken, tanzen, putzen, spucken, kochen
schrubben, schwimmen, lachen, planen, brüllen, essen, trinken

Deutsch

5. Ein Schisshose-Diktat

1. Lies die Sätze in den Streifen erst einmal gut durch.
2. Du kannst die Sätze jetzt als Laufdiktat oder Dosendiktat üben.

a. Laufdiktat:
Nimm das Blatt und lege es möglichst weit von dir entfernt hin.
Präge dir einige Wörter oder den ganzen Satz gut ein.
Gehe zu deinem Platz zurück und schreibe die Wörter auf.
Mache es mit den anderen Sätzen genauso.

b. Dosendiktat:
Schneide die einzelnen Sätze an den Linien entlang aus.
Lege die Satzstreifen geordnet vor dich hin.
Merke dir den ersten Satz gut.
Stecke dann den Papierstreifen in eine Dose und schreibe den Satz aus dem Gedächtnis auf.
Mache so weiter, bis alle Streifen in der Dose stecken.

Käpten Schisshose hat vor allem Angst.

Gewitter findet er besonders schlimm.

Doch seine Tante wird entführt.

Käpten Schisshose muss sie retten.

Mit seinem Schiff fährt er los.

Dann befreit Käpten Schisshose seine liebe Tante.

Am Ende geht alles gut aus.

Deutsch

6. Steckbrief

Welche Person aus dem Buch gefällt dir am besten? Trage es hier ein!

Name

Alter

Beruf

Aussehen

Besonderheiten

7. Wiewörter (Adjektive)

Hier siehst du ein Bild von Jens Ruderblatt.
Welche Wiewörter passen gut zu ihm?
Verbinde sie mit dem Bild!

klug, nett, freundlich, dick, hilfsbereit, lustig, ängstlich, groß, cool, mutig

gemein, doof, pfiffig, faul, schlau, dünn, dumm

Deutsch

8. Wiewörter (Adjektive)
   Finde passende Wiewörter für:
   a. den flinken Fred:

   b. Tom Tölpel

9. Beschreibe dich oder einen Freund/eine Freundin mit passenden Wiewörtern.

ist

Sie/Er ist

Hier kannst du deinen Freund oder deine Freundin malen.

Deutsch

10. Welcher Pirat ist es?

a. Er isst gerne viel und er trägt am liebsten karierte Hosen.

Es ist

b. Er ist sehr schweigsam. Er ist schon ziemlich alt und erzählt niemandem etwas über sein Holzbein.

Es ist

c. Er hat eine Narbe im Gesicht und er arbeitet in der Kombüse.

Es ist

Erfinde nun selbst solche Rätsel zu Personen, die du kennst.

11. Gegenteile

kalt		hässlich	
nass		gemein	
dick		schlau	
hoch		schuldig	
fröhlich		faul	
müde		*schmal*	
schnell		*traurig*	
klein		*sauber*	

Mathematik

1. Hunderterrätsel:

Hier siehst du eine Hundertertafel.
In welche Kästchen gehören die Zahlen, die unter der Tafel stehen?
Notiere die Buchstaben, die dort stehen, und sie ergeben einen Lösungssatz. Ihr könnt auch die Zeit stoppen.
Wer ist der Rätselkönig oder die Rätselkönigin?

1	G	B	G	Z	T	E	S	A	B
W	D	W	Q	N	R	Ü	T	Q	Y
L	U	Ö	F	E	A	B	B	C	S
Q	W	E	E	C	X	Y	E	C	X
Y	C	S	B	M	L	H	K	J	T
W	Q	Y	X	C	V	F	P	G	H
A	F	V	M	N	U	Ä	K	L	Ä
T	S	D	F	G	Y	V	B	N	M
E	D	S	A	S	N	B	V	I	R
Ü	P	L	I	N	G	D	S	A	100

12, 66   27, 89, 43, 50   85, 58, 94, 71, 5, 34

__ __   __ __ __ __   __ __ __ __ __ __ !

Mathematik

2. Textaufgabe (Klasse 2)

Die Wellentiger hat bei dem Abenteuer eine große Entfernung zurückgelegt.

a. Von Torongo zur Knocheninsel (24 Seemeilen)
b. Von der Knocheninsel zum Karboren-Riff (18 Seemeilen)
c. Vom Karboren-Riff zurück nach Torongo (46 Seemeilen)

Eine Seemeile = 2 Kilometer

Zeichne hier eine Seekarte und trage die Entfernungen darauf ein.
Wie viele Seemeilen sind es insgesamt?
Wie viele Kilometer sind das?

3. Textaufgabe (Klasse 2-3)

Käpten Schisshose bezahlt seine Mannschaft gut.
Jeder Pirat (außer ihm selbst) bekommt jeden Tag 3 Goldstücke.

a. Wie viele Goldstücke sind das am Tag?
b. Wie viele Goldstücke sind es in einer Woche? (7 Tage)
c. Wie viele Goldstücke sind es in einem Monat?(4 Wochen)
d. Wie viele Goldstücke sind es in einem Jahr?

Löst die Aufgaben allein oder mit einem Partner auf einem Extrablatt.
Könnt ihr auch schon die letzte Aufgabe ausrechnen?

Kunst

1. Piratenflagge:

   Piraten haben immer eine besondere Piratenflagge.
   Überlege dir eine passende Flagge für die Wellentiger.
   Dein Lehrer/deine Lehrerin kann diese Vorlage für euch vergrößern, zeichne dann deine Idee in diese Flagge und ihr könnt eure Klasse damit in ein Piratenschiff verwandeln.
   Viel Spaß!

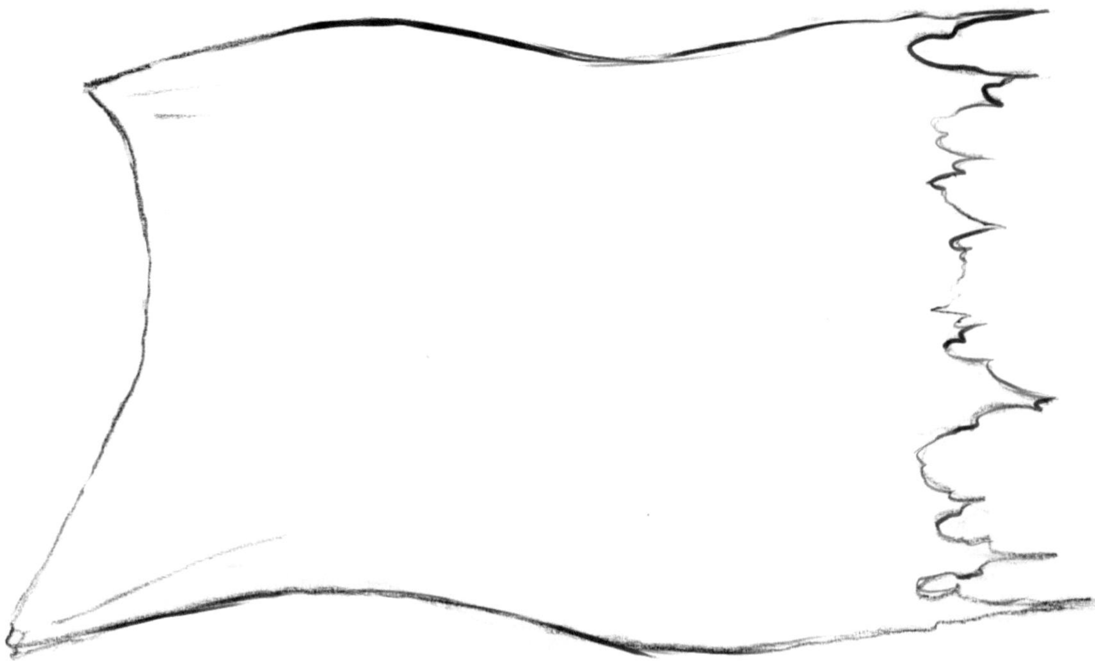

2. Schau auf den Seiten 24 und 25 in diesem Heft nach.
   Dort findest du die gesamte Mannschaft der Wellentiger.
   Male alle Figuren so an, wie es dir gefällt.
   Nun male mit Wasserfarben oder Holzmalstiften ein schönes Hintergrundbild auf ein DIN-A3-Blatt. Du könntest vielleicht das Deck eines Schiffes oder eine sonnige Insel malen.
   Schneide anschließend die Piraten aus und klebe sie auf dein Bild.
   Ein tolles und einzigartiges Piratenbild entsteht.

Kunst

3. **Anziehpuppe:**

Diese Anziehpuppe kann dein Lehrer/deine Lehrerin auf ein DIN-A3-Blatt vergrößern (144 %).

Würfelspiel

Dieses Spiel können bis zu vier Spieler gemeinsam spielen.
Ihr braucht dazu einen Spielwürfel und eine Spielfigur für jeden Spieler.
Jeder darf einmal würfeln.
Derjenige mit der höchsten Zahl beginnt.
Alle Spielfiguren werden auf das Startfeld gestellt und dann geht es los.
Reihum würfelt jeder Spieler und setzt seine Spielfigur auf das entsprechende Feld.
Wenn es ein Aktionsfeld ist, muss der Spieler eine Karte aufdecken und der Anweisung auf der Karte folgen.
Wer als erster das Karboren-Riff erreicht hat, ist der Gewinner.

Tim Tölpel erzählt einen Witz. Lachend gehst du drei Felder vor.	Friedel hat etwas Leckeres gekocht. Frisch gestärkt kannst du 2 Felder vorrücken.
Fanny hat eine Kanonenkugel auf deinen Fuß fallen lassen. Autsch! Setze eine Runde aus!	Der flotte Fred tanzt wie wild. Du schaust zu und setzt eine Runde aus!
Delfine begleiten eure Fahrt. Gehe zwei Felder vor!	Du hast ein dickes Tau schnell aufgerollt. Der picklige Piet lobt dich dafür. Du darfst zwei Felder vorrücken.

Mit Jens übst du Weitspucken.
Du gewinnst und darfst
zwei Felder vorrücken.

Du gewinnst beim Kartenspiel
mit dem humpelnden Hein.
Gehe drei Felder vor!

Leider wirst du seekrank.
Du gehst zwei Felder zurück
und ruhst dich aus.

Du kletterst mit dem
pickligen Piet ins Krähennest.
Das dauert seine Zeit.
Gehe zwei Felder zurück!

Frischer Wind bläht die Segel.
Du darfst drei Felder vorrücken.

Mit dem dicken Dieter
verputzt du einen Schokoriegel.
Gehe zwei Felder zurück!

Bei schönstem Wetter holst du
dir an Deck einen Sonnenbrand.
Gehe ein Feld zurück!

Fanny trainiert mit dir.
Du bist nun besonders fit und
darfst zwei Felder vorrücken.

Der Anker hat sich verhakt.
Die Reise stockt.
Gehe zwei Felder zurück!

Du hast besonders lange
geschlafen.
Gut gelaunt darfst du
noch einmal würfeln.

Start
Ziel

Lösung zu Kapitel 1

1. **Wie heißt Käpten Schisshose wirklich?**
   Er heißt Rudi Plankenhieb der Zweite.

2. **Er ist ein sehr ängstlicher Mensch. Wovor hat er am meisten Angst?**
   Er fürchtet sich am meisten vor Gewittern.

3. **Wie heißt sein Schiff?**
   Sein Schiff heißt Wellentiger.

4. **Warum hat Käpten Schisshose noch nie den Befehl zum Auslaufen gegeben?**
   Er wird so schnell seekrank.

Lösung zu Kapitel 2

1. **Was tun die Piraten der Wellentiger den ganzen Tag lang? Kreuze an!**
   - ☐ Sie spielen Verstecken.
   - ☒ Sie puzzeln große Puzzles.
   - ☐ Sie polieren ihre Säbel.
   - ☒ Sie spielen Karten oder Memory.

2. **Was müssen alle Piraten jeden Samstag tun?**
   Sie müssen alle zusammen die Wellentiger schrubben und putzen.

3. **Wie viele Piraten gibt es auf der Wellentiger?**
   Es gibt neun Piraten und Käpten Schisshose. Also sind es insgesamt 10 Piraten auf der Wellentiger.

4. **Wie heißt der älteste Pirat an Bord?**
   Der älteste Pirat an Bord ist der humpelnde Hein.

Lösung zu Kapitel 3

1. **Was passiert an diesem Sonntagnachmittag? Finde die richtige Reihenfolge und schreibe die Zahlen vor die Sätze!**

   [2] Käpten Schisshose erfährt, dass seine Tante entführt wurde.
   [4] Käpten Schisshose wird grün im Gesicht.
   [1] Jens Ruderblatt kommt von einem Landgang zurück.
   [6] Käpten Schisshose krabbelt in seine Kajüte.
   [3] Käpten Schisshose wird weiß wie eine Wand.
   [5] Käpten Schisshose setzt sich auf seinen Piratenpo.
   [7] Käpten Schisshose gibt den Befehl in See zu stechen.

2. **Was kann Tante Gitta besonders gut?**
   Sie kann besonders gut Waffeln backen.

3. **Mit welchem Trick will Käpten Schisshose die Seekrankheit besiegen?**
   Er will einen Reisekaugummi kauen.

Lösung zu Kapitel 4

1. **Lies dir die Wörter im Schiff gut durch! Welche kommen nicht im 4. Kapitel vor? Streiche sie durch!**

   Sonne - Arm - Wolle - Räuber - Seil - Elefant

2. **Kreise die Anfangsbuchstaben der durchgestrichenen Wörter ein. Wenn du diese Buchstaben richtig ordnest, kommt ein Lösungswort heraus. Es hat mit der Seefahrt zu tun.**

   Lösungswort: *Wasser*

Lösung zu Kapitel 5

1. **Kreuze an, ob die Sätze richtig ☺ oder falsch ☹ sind!**

	☺	☹
Auf dem offenen Meer sind die Wellen höher.	M	P
Die Reisekaugummis wirken nicht.	O	A
Käpten Schisshose geht in die Kombüse.	T	N
Friedel Feuerhaken schält gerade Äpfel.	N	R
Es gibt Kartoffeln, Gemüse und Fischstäbchen.	O	E
Käpten Schisshose hat Hunger.	S	N
Eine hohe Welle trifft Käpten Schisshose.	E	O
Käpten Schisshose fängt an zu weinen.	H	N

2. **Wenn du alles richtig angekreuzt hast, ergeben die Buchstaben ein Lösungswort.**
   Es heißt: *Matrosen*

Lösung zu Kapitel 6

1. **Welche Person ist es?**

a. ... hat ein Holzbein. *Der humpelnde Hein*
b. ... kann gut mit dem Säbel umgehen. *Der flotte Fred*
c. ... hat einen Kloß im Hals. *Käpten Schisshose*
d. ... gibt Käpten Schisshose Pfefferminzbonbons. *Jens Ruderblatt*
e. ... hat ganz dicke Muskeln. *Die freche Fanny*
f. ... hat auch ein Messer dabei. *Der flotte Fred*
g. ... zieht seine karierte Hose zurecht. *Der dicke Dieter*
h. ... findet es scheußlich, sich zu prügeln. *Käpten Schisshose*
i. ... sagt: „Man muss fest an etwas glauben." *Die Oma von Jens*

Lösung zu Kapitel 7

1. **Hier sind einige Satzteile durcheinander geraten. Kannst du sie richtig ordnen?**

   Käpten Schisshose könnte - vor Wut platzen.
   Die Piraten - lachen die Gefangenen aus.
   Ein großes Netz - fängt alle drei ein.
   Sie werfen die drei auf eine Trage - und schleppen sie davon.
   Die drei pirschen - in Richtung Inselmitte.

Lösung zu Kapitel 8

2. **Karl Krönig spricht in diesem Kapitel häufig von Ehre.**
   Finde auf den Seiten 50-52 drei Wörter, in denen das Wort Ehre steckt.
   Piratenehre, Ehrgefühl, Ehrenmann

3. **Schau noch einmal auf Seite 46 nach und ergänze den Lückentext!**
   Plötzlich *wird* das Netz aufgeschnitten.
   Starke Arme *greifen* nach Käpten Schisshose.
   Sein *Säbel* wird ihm *weggenommen* und seine
   Hände werden *hinter* seinem Rücken *gefesselt.*

4. **Aus den Buchstaben ergibt sich eine Befürchtung des armen Käpten Schisshose.**
   Schreibe sie in der richtigen Reihenfolge auf die Linie!
   Soll er nie mehr frei sein?

Lösung zu Kapitel 9

1. **Kannst du diese Purzelwörter entziffern? Sie stehen auf Seite 54.**
   Schatzhöhle - Säbel - Vater - List

5. **Löse das Kreuzworträtsel**
   a. Es pumpt Blut durch den Körper. *Herz*
   b. Die Hände sind mit *Fesseln* zusammengebunden.
   c. Käpten Schisshose ist nicht sehr mutig. Er hat oft *Angst.*
   d. Käpten Schisshoses *Schiff* heißt Wellentiger.
   e. Karl Krönig ruft entsetzt: „*Igitt!*“
   f. Er ist in die lustige *Lilli* verliebt.
   g. Die Mannschaft der Wellentiger besteht aus neun *Piraten.*

Lösung zu Kapitel 10

1. **Hier sind einige Sätze nicht zu Ende geschrieben. Kannst du es?**
   a. In der Piratenhöhle werden die Leute von Karl Krönig *langsam unruhig. (Seite 62)*
   b. Fred und Fanny glauben nicht so wirklich, *dass ihr Käpten gewinnen könnte. (Seite 62)*
   c. Man könnte ein Haar fallen hören, *so leise ist es auf einmal. (Seite 63)*
   d. Käpten Schisshose hat einen Säbel in der Hand und *schiebt damit Karl Krönig vor sich her. (Seite 63)*
   e. Einer nach dem anderen lässt seine Waffen zu Boden fallen und ein Pirat geht zu Fanny und Fred und *nimmt ihnen ihre Fesseln ab. (Seite 64)*
   f. Bevor die Piraten die Höhle verlassen, heben sie zum letzten Mal die Hand *zum Gruß vor ihrem großen Käpten. (Seite 66)*
   g. „Ai, Käpten!“, erwidert Fanny und *verschwindet ebenfalls durch den Höhleneingang.(Seite 67)*

Lösung zu Kapitel 11

V	X	C	P	R	O	M	A	N	T	I	S	C	H
F	O	T	V	M	Ü	R	V	Ö	Y	Z	Ü	O	Ä
R	W	G	E	U	R	I	Z	J	L	B	ß	U	T
E	D	B	R	K	Ä	M	G	L	L	X	P	K	R
U	Z	G	L	Ü	C	K	L	I	C	H	W	T	A
D	N	K	I	I	H	L	H	E	R	R	P	H	U
E	A	J	E	Q	E	Z	X	B	B	V	G	O	R
Z	K	T	B	M	N	Ä	H	E	R	Z	Ü	I	I
Q	N	E	T	T	R	L	K	O	K	Ü	L	M	G

Lösung zu Kapitel 12

Hier müsst ihr nun genau lesen! Es haben sich nämlich einige Fehler eingeschlichen.

a. Fanny schnappt sich die ~~Kartoffel~~ und wuchtet sie auf ihre Schultern.
b. Dem pickligen Piet bleiben sogar die ~~Äuglein~~ offen stehen.
c. Ihr Käpten, der größte ~~Pupser~~ der Welt, hat den gefährlichen Karl besiegt?
d. Die Piraten sind beeindruckt.
e. Tante Gitta will ~~Tortellinis~~ für die Piraten backen.
f. Da bricht ~~Enttäuschung~~ aus.
g. Die Piraten freuen sich natürlich besonders über die Kiste mit ~~Nudeln.~~
h. Piraten lieben Schätze.
i. Karl Krönig soll am ~~Husaren-Riff~~ ausgesetzt werden.
j. Er bekommt Trinkwasser, Zwieback, ein Messer und drei ~~Omas~~ mit.
k. Die Piraten stürzen sich auf die knusprigen ~~Orangen~~ und kauen mit vollen Backen.
l. Am Karboren-Riff steigt Karl Krönig in eine kleine ~~Kiste~~.

Der Pirat heißt: *Käpten Hook*

Lösung zu Kapitel 13

1. **Die Piraten sind wieder zurück, doch einiges ist jetzt anders.**
   Sie prügeln sich öfter als früher.
   Sie singen nicht mehr so gerne ihre Piratenlieder.
   Sie sind unzufrieden.
   Sie beschweren sich, wenn sie das Deck schrubben sollen. Sie betrügen beim Kartenspiel.

2. **Die Mannschaft wünscht sich etwas anderes, als vor Anker zu liegen. Was ist es?**
   Die Piraten wollen wieder in See stechen und neue, aufregende Abenteuer erleben.
   Sie wollen Gold und Silber erbeuten.
   Sie wollen sich den Wind um die Nase wehen lassen und fühlen, wie die Wellen unter dem Bug der Wellentiger aufschäumen.

3. **Warum versteckt sich Käpten Schisshose unter seiner Bettdecke?**
   Er will nicht mehr in die unzufriedenen Gesichter seiner Piraten gucken müssen.

Lösung zu Kapitel 14

Das Schiff ist weg.
Es muss etwas ganz Wichtiges vorgefallen sein.
Vielleicht ist eine Seeschlange gesichtet worden.
Die Wahrheit ist allerdings folgende.
Der Brief ist tatsächlich von Karl Krönig.
Die Mannschaft der Wellentiger hat alles sicher im Griff.
Jetzt ist Jens wieder stolz auf seinen Käpten.
Ein neues Abenteuer wartet auf Käpten Schisshose.

Lösungen zum Abschlussquiz

1. *Bäcker werden.*
2. *langweilen.*
3. *kochen.*
4. *Frisur*
5. *Knocheninsel.*
6. *kämpfen.*
7. *einem Netz.*
8. *heiraten.*
9. *eine Kiste voller Schätze.*
10. *zum Kaboren-Riff.*

Lösungen zu Deutsch

2. Alphabet

1. sagen, Sand, sauber, Seil, Sieb, singen, sofort, Sommer, Sonne, sonst
2. *Sack, Salz, Sandale, sicher, Silber, sondern, super, Suppe*

3. Silbentrennung

das Segel, die Bürste, der Schubber, die Waffel,
das/die Fischstäbchen, das Messer, der Pirat

10. Welcher Pirat ist es?

1. *der dicke Dieter*
2. *der humpelnde Hein*
3. *Friedel Feuerhaken*

Lösungen zu Mathematik

1. Hunderterätsel

DU BIST SPITZE

2. Textaufgabe: (Klasse 2)

24+18+46 = 88 Seemeilen
88 mal 2 = 176 Kilometer

3. Textaufgabe: (Klasse 2-3)

a. 9 mal 3 = 27 (Goldstücke am Tag)
b. 27 mal 7 = 189 (Goldstücke in der Woche)
c. 189 mal 4 = 756 (Goldstücke im Monat)
d. 756 mal 12 = 9072 (Goldstücke im Jahr)